LENA MERZ

HAPPY VEGAN
MIT 5 ZUTATEN

FOTOGRAFIE: KATRIN WINNER, COCO LANG

INHALT

Öffnen Sie die Klappen dieses Buches.
Dort finden Sie die wichtigsten Infos zum Thema auf einen Blick!

DAS PRINZIP:
VEGAN MIT
5 ZUTATEN

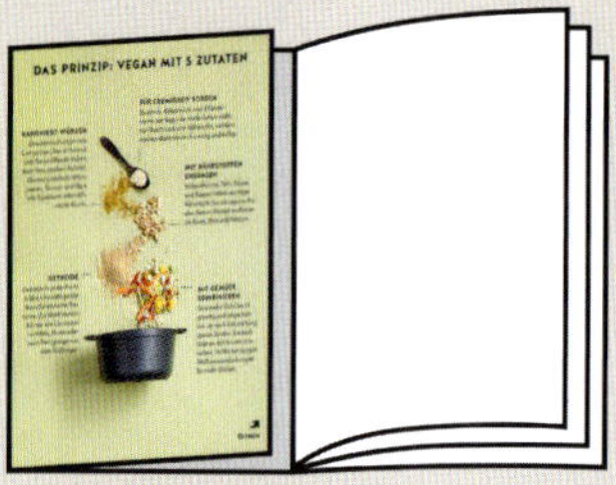

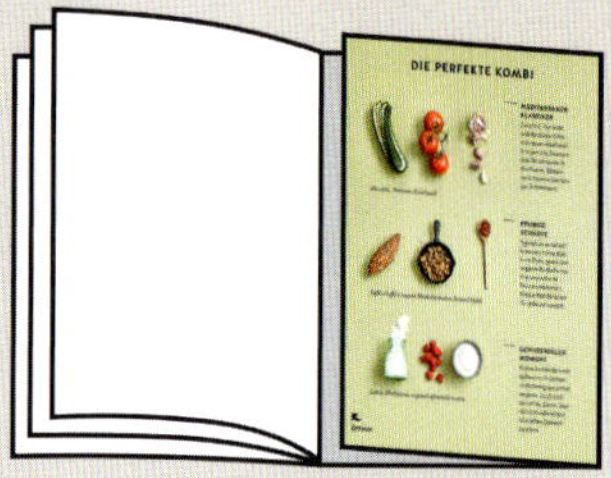

DIE PERFEKTE
KOMBI

Immer griffbereit:

SO GEHT'S:
AUF VORRAT
TIEFKÜHLEN

Immer griffbereit:

SO GEHT'S:
ZUSÄTZLICHE
WÜRZE

GU CLOU

Wussten Sie schon, dass ...?
Entdecken Sie bei einigen ausgewählten Rezepten ganz besondere Tipps mit verblüffendem Insiderwissen. Aha-Momente garantiert!

Die Backzeiten können je nach Herd variieren. Unsere Temperaturangaben beziehen sich auf das Backen im Elektroherd mit Ober- und Unterhitze.

Sammeln Ihrer Lieblingsrezepte mit der »GU Kochen Plus«-App (siehe S. 64)

REZEPTKAPITEL

LENA MERZ

Kochen mit maximal 5 Zutaten – geht das überhaupt? Na klar, sagt Rezeptautorin Lena Merz, bei der mehrmals pro Woche köstliche vegane Gerichte auf den Tisch kommen. Denn das hilft im Alltag: einfache und schnelle Mahlzeiten mit Zutaten, die überall erhältlich sind.

Ist weniger wirklich mehr?

Zumindest in meiner Küche ist das immer häufiger so. Nämlich dann, wenn ich wenige Zutaten, die bestenfalls in meinem Vorratsschrank stehen, in die Pfanne werfen kann und 20 Minuten später ein vollwertiges Essen serviere. Oder dann, wenn ich schnell noch einen Kuchen backen, einen Salat für die nächste Party zubereiten will oder eben gerade mal keine Zeit zum Einkaufen habe.

Womit schmeckt ein 5-Zutaten-Gericht?

Die Basis meiner Gerichte sind stets hochwertiges Salz und gutes Olivenöl. Dazu kommen wenige würzige Zutaten – z. B. Saucen, Nüsse und Kerne, Kapern, Oliven und einige vegane Alternativen. Sie bringen im Nu Pfiff in die Gerichte. Fast immer haben sie viel Eigengeschmack und werden auch pur gerne gegessen. Dann kommt es eigentlich nur noch auf eine kreative Kombination an.

Ein Kochbuch nur mit 5-Zutaten-Rezepten?

Ja, und mir fallen noch viele Rezepte mehr ein. Alle Gerichte können außerdem mit saisonalen Zutaten beliebig verändert werden: Einfach statt Kürbis mal Möhren oder Rote Bete verwenden, statt Spinat zu Mangold oder Grünkohl greifen. Dann noch das Gewürz tauschen – und schon entsteht ein ganz neues Gericht. Wem das nicht reicht, der findet bei vielen Rezepten Tipps, wie sich die Gerichte zusätzlich aufpeppen lassen. Dieses Kochbuch ist also eine echte Schatzkiste für eine kreative vegane Küche mit wenigen Zutaten. Schauen Sie doch mal rein!

SCHNELLE QUESADILLAS

180 g vegane Frischkäse-Alternative und 1 TL getrockneten Oregano in einer kleinen Schüssel verrühren.

2 Knoblauchzehen schälen und dazupressen.

350 g gegrillte Paprika (aus dem Glas) in einem Sieb abtropfen lassen. Die Stücke halbieren.

6 Vollkorn-Tortilla-Wraps mit Frischkäsecreme bestreichen und je eine Hälfte mit Paprikastücken belegen. Die Fladen zusammenklappen.

Die Tortillas nacheinander in einer Pfanne bei mittlerer Hitze pro Seite in 2–3 Min. knusprig braun braten. Aus der Pfanne nehmen, dritteln und servieren. Reicht für 4 Personen.

KLEINE GERICHTE

Für 10 Stück • 25 Min. Zubereitung • 15 Min. Backen • Pro Stück ca. 180 kcal, 2 g EW, 11 g F, 17 g KH

MANGOLD-BÖREK

KNUSPRIGES FINGERFOOD

1 Zwiebel
250 g Mangold
5 EL Olivenöl
150 g vegane Feta-Alternative
1 Rolle frischer Filoteig (250 g, aus dem Kühlregal; ersatzweise Strudelteig)

TAUSCH-TIPP
Außerhalb der Mangoldsaison gelingen die Börek auch mit 250 g Blattspinat. Für mehr Aroma noch 2–3 fein gehackte Knoblauchzehen unter die Mangold-Füllung mischen.

1 Die Zwiebel schälen und sehr fein würfeln. Den Mangold putzen, waschen und sehr fein schneiden. In einer großen Pfanne 2 EL Öl erhitzen und die Zwiebel darin bei mittlerer Hitze ca. 5 Min. anbraten. Dann den Mangold zugeben und ca. 7 Min. mitbraten, bis er zusammengefallen ist.

2 Den Feta mit den Händen oder mit einer Gabel fein zerbröseln und unter den Mangold mischen. Den Backofen auf 180° vorheizen, ein Backblech mit Backpapier belegen.

3 Den Filoteig entrollen. Jedes Teigblatt dünn mit dem restlichen Öl (3 EL) bestreichen und das untere Drittel mit ca. 1 EL Mangoldmischung belegen, dabei rundum einen 2 cm breiten Rand lassen. Das Teigblatt dann fest von unten nach oben aufrollen, sodass eine maximal 2 cm dicke Rolle entsteht. Mit den restlichen Teigblättern wiederholen.

4 Die Börek nebeneinander auf das Backblech legen und im Ofen (Mitte) ca. 15 Min. backen. Herausnehmen, kurz abkühlen lassen und warm oder lauwarm servieren.

Für 4 Personen • 20 Min. Zubereitung • Pro Portion ca. 180 kcal, 7 g EW, 6 g F, 23 g KH

PILZ-BRUSCHETTA

AUS ITALIEN

2 Knoblauchzehen
500 g braune Champignons
2 EL Olivenöl
50 ml Weißwein
4 Scheiben Bauernbrot
Salz
Pfeffer

AROMA-KICK
Besonders intensiv schmecken die Brote, wenn mit den Pilzen noch die Blätter von 3 Zweigen Thymian angebraten werden.

1 Den Knoblauch schälen und in hauchdünne Scheiben schneiden. Die Champignons putzen, bei Bedarf mit einem Tuch abreiben und in 5 mm dicke Scheiben schneiden.

2 Das Olivenöl in einer Pfanne erhitzen und den Knoblauch darin bei kleiner Hitze ca. 4 Min. anbraten. Mit Weißwein ablöschen und diesen einkochen lassen. Dann die Champignons einrühren und bei mittlerer Hitze ca. 10 Min. anbraten.

3 Inzwischen die Brotscheiben im Toaster knusprig rösten. Die Pilze mit Salz und Pfeffer würzen, auf den Broten verteilen und servieren.

Für 4 Personen • 20 Min. Zubereitung • Pro Portion ca. 295 kcal, 10 g EW, 7 g F, 46 g KH

REISNUDEL-SALAT MIT EDAMAME

KNACKIG UND FARBENFROH

150 g Reisbandnudeln
400 g Rotkohl
150 g TK-Edamame (Sojabohnenkerne)
3 EL Erdnussmus
3 EL Sojasauce
Salz

DEKO-TIPP
Frisch gehacktes Thai-Basilikum oder Koriandergrün auf dem Salat sorgen für echtes Asia-Flair und zusätzliches Aroma.

1 Die Reisbandnudeln nach Packungsanweisung zubereiten. Inzwischen den Rotkohl waschen, putzen und in feine Streifen hobeln oder schneiden. Die Edamame in einer Schüssel mit kochendem Wasser übergießen und ca. 5 Min. ziehen lassen.

2 Erdnussmus, Sojasauce und 3 EL Wasser in einem Schraubglas verrühren. Das Glas dann verschließen und sehr gut schütteln, bis ein homogenes Dressing entstanden ist. Mit Salz abschmecken.

3 Reisbandnudeln und Edamame in ein Sieb abgießen und abtropfen lassen. Dann mit dem Rotkohl in einer Schüssel mischen. Das Dressing darüberträufeln und unterheben. Den Reisnudelsalat in vier Schalen anrichten und servieren.

Für 4 Personen • 15 Min. Zubereitung • 20 Min. Backen • Pro Portion ca. 405 kcal, 11 g EW, 12 g F, 65 g KH

NUDELSALAT MIT KÜRBIS

HERBSTLICH

600 g Hokkaido-Kürbis
4 EL Zitronen-Olivenöl
2 TL Garam Masala
Salz
Pfeffer
3 rote Zwiebeln
250 g Vollkorn-Farfalle

GUT ZU WISSEN
Hokkaido-Kürbis ist perfekt für die schnelle Küche. Er muss vor dem Zerteilen nämlich nur abgewaschen werden. Das mühsame Schälen wie bei anderen Kürbissorten kann man sich bei ihm sparen.

1 Den Backofen auf 200° vorheizen, ein Backblech mit Backpapier belegen. Den Kürbis waschen, halbieren und entkernen. Das Fruchtfleisch in 1 cm große Würfel schneiden.

2 Die Würfel mit 2 EL Zitronen-Olivenöl, Garam Masala, Salz und Pfeffer würzen und auf dem Blech verteilen. Die Zwiebeln schälen, halbieren und in feine Streifen schneiden. Unter den Kürbis mischen und alles im Ofen (Mitte) ca. 20 Min. garen.

3 Inzwischen die Nudeln nach Packungsanweisung in Salzwasser bissfest garen. In ein Sieb abgießen und abtropfen lassen. Die Nudeln dann auf dem Blech mit dem Kürbis mischen, sodass sie die Gewürze aufnehmen.

4 Den Nudelsalat in eine Schüssel füllen. Mit dem restlichen Zitronen-Olivenöl (2 EL) beträufeln, mit Salz und Pfeffer abschmecken und servieren.

Für 4 Personen • 15 Min. Zubereitung • Pro Portion ca. 370 kcal, 11 g EW, 21 g F, 35 g KH

MANGO-AVOCADO-SALAT

EXTRAFRUCHTIG

2 Gläser Kidneybohnen (à 240 g Abtropfgewicht)
2 kleine reife Mangos
2 Avocados
Salz
4 EL Zitronensaft
1 Bund Thai-Basilikum (ersatzweise Koriandergrün)

1 Die Kidneybohnen in ein Sieb abgießen, kalt abspülen und abtropfen lassen. Inzwischen die Mangos schälen, das Fruchtfleisch flach vom Stein schneiden und 1 cm groß würfeln. Die Avocados halbieren und entsteinen. Das Fruchtfleisch mit einem Löffel aus der Schale heben und ebenfalls 1 cm groß würfeln.

2 Bohnen, Mango- und Avocadowürfel in einer Schüssel mischen. Den Salat mit 1 Prise Salz und Zitronensaft würzen.

3 Das Thai-Basilikum waschen und trocken schütteln. Die Blätter abzupfen, grob schneiden und unter den Salat heben. Den Salat in vier Schalen anrichten und servieren.

Für 4 Personen • 20 Min. Zubereitung • Pro Portion ca. 150 kcal, 6 g EW, 6 g F, 17 g KH

FENCHELSALAT MIT KICHERERBSEN

VITAMINREICH

1 Glas Kichererbsen (240 g Abtropfgewicht)
1 große Knolle Fenchel
2 Orangen
1 rote Zwiebel
60 g veganes grünes Pesto (aus dem Glas)
Salz
Pfeffer

1 Die Kichererbsen in ein Sieb abgießen, kalt abspülen und abtropfen lassen. Inwischen den Fenchel waschen und putzen. Die Knolle im Ganzen in hauchdünne Scheiben hobeln oder mit einem scharfen Messer ist feine Streifen schneiden.

2 Die Orangen dick schälen, dabei auch die weiße Innenhaut mit entfernen. Dann die Fruchtfilets zwischen den Trennhäutchen herausschneiden, dabei 2–3 EL Saft auffangen. Die Zwiebel schälen, halbieren und in feine Ringe schneiden. Kichererbsen, Fenchel, Orangenfilets und Zwiebel in einer Schüssel mischen.

3 Pesto und aufgefangenen Orangensaft zu einem cremigen Dressing verrühren. Das Dressing über den Salat träufeln und unterheben. Den Salat zuletzt mit Salz und Pfeffer abschmecken, in vier Schalen anrichten und servieren.

Für 4 Personen • 15 Min. Zubereitung • 25 Min. Backen • Pro Portion ca. 230 kcal, 10 g EW, 7 g F, 31 g KH

GEFÜLLTE PORTOBELLO-PILZE

PERFEKT FÜR GÄSTE

4 Portobello-Pilze
1 Glas Mais (240 g Abtropfgewicht)
1 Glas Kidneybohnen (240 g Abtropfgewicht)
4 große Tomaten
Salz
Pfeffer
100 g vegane Reibekäse-Alternative

DAZU PASST
Ein Knoblauchbaguette macht die Pilze perfekt. Dafür 100 g vegane Margarine, 2 gepresste Knoblauchzehen, 1 EL TK-Kräuter und Salz verrühren. Ein Baguette im Abstand von 2 cm tief einschneiden und die Knoblauchcreme in die Einschnitte streichen. Im 180° heißen Backofen (Mitte) ca. 10 Min. backen.

1 Den Backofen auf 200° vorheizen. Die Pilze putzen und bei Bedarf mit einem Tuch abreiben. Mit den Hüten nach unten in eine große Auflaufform oder auf ein tiefes Backblech legen.

2 Mais und Kidneybohnen in ein Sieb abgießen, kalt abspülen und abtropfen lassen. Die Tomaten waschen, halbieren und den Stielansatz entfernen. Die Hälften 1 cm groß würfeln.

3 Mais, Kidneybohnen und Tomatenwürfel in einer Schüssel mischen und kräftig mit Salz und Pfeffer würzen. Die Gemüsemischung dann in die Pilze füllen.

4 Die Pilze mit Reibekäse bestreuen und im Ofen (Mitte) 20–25 Min. überbacken. Herausnehmen und servieren.

Für 4 Personen • 30 Min. Zubereitung • Pro Portion ca. 170 kcal, 8 g EW, 10 g F, 8 g KH

BROKKOLI-MANDEL-SUPPE

FÜR DEN KLEINEN GELDBEUTEL

2 Zwiebeln
1,2 kg Brokkoli
2 EL Olivenöl
1,5 l Gemüsebrühe
2 EL helles Mandelmus
Salz
Pfeffer

1 Die Zwiebeln schälen und in feine Würfel schneiden. Den Brokkoli putzen, waschen und in 2 cm große Röschen schneiden. Den Stiel schälen und klein würfeln.

2 Das Olivenöl in einem Topf erhitzen. Zwiebeln und Brokkoli darin bei mittlerer Hitze ca. 5 Min. anbraten. Mit der Gemüsebrühe ablöschen und aufkochen lassen. Das Gemüse dann zugedeckt bei mittlerer Hitze ca. 15 Min. garen.

3 Gemüse und Brühe im Topf mit einem Pürierstab fein mixen. Das Mandelmus unterrühren und die Suppe kräftig mit Salz und Pfeffer abschmecken. Die Suppe in vier Schalen anrichten und servieren.

Für 4 Personen • 30 Min. Zubereitung • Pro Portion ca. 510 kcal, 12 g EW, 18 g F, 73 g KH

MARONEN-INGWER-SUPPE

EXTRACREMIG

800 g TK-Maronen (ersatzweise vakuumverpackte Maronen)
1 Stück Ingwer (3 cm lang)
2 Frühlingszwiebeln
2 EL Olivenöl
250 g Sojacreme (z. B. Soja Cuisine)
Salz
Pfeffer

1 Die Maronen nach Packungsanweisung ca. 10 Min. antauen lassen. Inzwischen den Ingwer schälen und fein hacken. Die Frühlingszwiebeln putzen, waschen und schräg in dünne Ringe schneiden.

2 Das Öl in einem großen Topf erhitzen. Ingwer und Maronen darin ca. 7 Min. anbraten. Mit 1 l Wasser ablöschen, aufkochen und die Maronen zugedeckt bei mittlerer Hitze ca. 20 Min. garen.

3 Maronen und Kochsud im Topf mit einem Pürierstab fein mixen. Die Sojacreme unterrühren und die Suppe kräftig mit Salz und Pfeffer abschmecken. Ist die Suppe sehr dickflüssig, noch etwas Wasser untermixen. Die Suppe in vier Schalen anrichten, mit den Frühlingszwiebelringen bestreuen und servieren.

Für 4 Personen • 30 Min. Zubereitung • 35 Min. Backen • Pro Portion ca. 575 kcal, 8 g EW, 36 g F, 54 g KH

BUNTE POMMES MIT LIMETTEN-MAYO

EIN HIT BEI KINDERN

2 kg Wurzelgemüse (Kartoffeln, Möhren, Rote Bete)
4 EL Olivenöl
Salz
Pfeffer
4 EL Polenta (Maisgrieß)
1 Bio-Limette
200 g vegane Mayonnaise

TAUSCH-TIPP
Im Sommer schmecken die Pommes köstlich mit Kohlrabi, Zucchini und Aubergine. Im Winter bieten sich Petersilienwurzel, Steckrübe und Pastinake an. Wer es scharf mag, rührt noch 1 TL Harissa in den Dip.

1 Den Backofen auf 200° (Umluft) vorheizen, zwei Backbleche mit Backpapier belegen. Das Wurzelgemüse schälen und in Stifte (6 cm lang, 1 cm dick) schneiden.

2 Die Gemüsestifte in eine Schüssel geben. Olivenöl, Salz und Pfeffer zufügen, die Polenta darüberstreuen und alles vermischen. Die Gemüsestifte dann auf den Backblechen verteilen und im Ofen (oben und unten) ca. 35 Min. backen.

3 Inzwischen die Limette heiß abwaschen und abtrocknen. Die Schale abreiben und 3 EL Saft auspressen. Mayonnaise, Limettenschale und -saft in einer Schale verrühren.

4 Die Pommes aus dem Ofen nehmen und sofort mit der Limetten-Mayonnaise zum Dippen servieren.

HAUPTGERICHTE

Für 8 Stück • 15 Min. Zubereitung • 15 Min. Backen • Pro Stück ca. 345 kcal, 9 g EW, 10 g F, 52 g KH

AUBERGINEN-PIDE

ORIENTALISCH

1 Dose gewürzte Pizza-Tomaten (400 g)
1 kleine Aubergine
100 g Kalamata-Oliven (entsteint)
Salz
Pfeffer
2 Rollen frischer veganer Hefeteig (à 400 g, aus dem Kühlregal)
1 Bund Basilikum

DAZU PASST
Köstlich schmecken die Pide mit einem würzigen Dip. Dafür 300 g Sojaghurt mit 1 Bund fein gehackter Petersilie, 1 TL Ajvar (ersatzweise Sambal Oelek), Salz und Pfeffer verrühren.

1 Die Tomaten in eine Schüssel füllen und mit Salz und Pfeffer würzen. Die Aubergine waschen, putzen und in 1 cm große Würfel schneiden. Die Oliven in schmale Ringe schneiden.

2 Den Backofen auf 200° (Umluft) vorheizen, zwei Backbleche mit Backpapier belegen. Den Hefeteig entrollen und jede Teigplatte in 4 Rechtecke schneiden. Die Rechtecke auf die Backbleche verteilen.

3 Den Rand der Rechtecke jeweils 1,5 cm breit nach innen umklappen. Danach die Enden jeweils 2–3 cm einschlagen, sodass die typische Pideform entsteht.

4 Die Pide zuerst mit der Tomatensauce bestreichen, dann Auberginen und Oliven darauf verteilen. Im Ofen (Mitte und oben) in ca. 15 Min. goldbraun backen.

5 Das Basilikum waschen, trocken schütteln und die Blätter grob zerpflücken. Die Pide aus dem Ofen nehmen, mit dem Basilikum bestreuen und servieren.

Für 4 Personen • 10 Min. Zubereitung • 13 Min. Backen • Pro Portion ca. 420 kcal, 8 g EW, 24 g F, 41 g KH

NACHO-AUFLAUF

RATZFATZ FERTIG

1 Glas schwarze Bohnen (240 g Abtropfgewicht)
500 g Tomaten
150 g scharfe Nachos
100 g vegane Reibekäse-Alternative
1 Avocado

AUSSERDEM
Auflaufform (ca. 25 × 30 cm)

DAZU PASST
Ein Dip aus 150 g veganer Crème-fraîche-Alternative, 2 TL Zitronensaft und Salz.

1 Den Backofen auf 200° vorheizen. Die Bohnen in ein Sieb abgießen, kalt abspülen und abtropfen lassen. Die Tomaten waschen, halbieren und den Stielansatz entfernen. Die Hälften 1 cm groß würfeln.

2 Tomatenwürfel und Bohnen in der Auflaufform vermischen. Die Nachos darauf verteilen und mit dem Käse bestreuen. Den Auflauf im Ofen (Mitte) 10–13 Min. backen.

3 Inzwischen die Avocado halbieren und entsteinen. Das Fruchtfleisch mit einem Löffel aus der Schale lösen und in 1 cm große Würfel schneiden. Den Auflauf aus dem Ofen nehmen, die Avocadowürfel darauf verteilen und servieren.

Für 4 Personen • 10 Min. Zubereitung • 50 Min. Garen • Pro Portion ca. 590 kcal, 18 g EW, 29 g F, 62 g KH

SÜSSKARTOFFEL-KUMPIR

SCHARFER SATTMACHER

4 Süßkartoffeln (à 300 g)
2 EL Olivenöl
360 g vegane Hackalternative
Salz
Pfeffer
300 g vegane Joghurtalternative aus Kokos (ersatzweise aus Soja)
3 TL Sambal Oelek

1 Die Süßkartoffeln waschen, abbürsten und mit einem spitzen Messer rundherum mehrmals einstechen. Ein Backblech mit Backpapier belegen, die Süßkartoffeln darauflegen und in den kalten Backofen (Mitte) schieben. Den Backofen auf 190° (Umluft) schalten und die Süßkartoffeln ca. 50 Min. garen.

2 Ca. 10 Min. vor Ende der Garzeit das Öl in einer großen Pfanne erhitzen und das vegane Hack darin bei großer Hitze in ca. 8 Min. knusprig anbraten. Mit Salz und Pfeffer würzen. Joghurt und Sambal Oelek in einer Schale verrühren.

3 Die Süßkartoffeln aus dem Ofen nehmen, längs aufschneiden und auf vier Teller setzen. Gebratenes Hack und Joghurtsauce in den Einschnitten verteilen und servieren. Den restlichen Dip dazu reichen.

Für 4 Personen • 10 Min. Zubereitung • 30 Min. Backen • Pro Portion ca. 615 kcal, 14 g EW, 27 g F, 79 g KH

GNOCCHI AUF DEM BLECH

GELINGT LEICHT

900 g Zucchini
150 g schwarze Oliven (entsteint)
800 g vegane Gnocchi (aus dem Kühlregal)
50 g Pinienkerne
6 EL Olivenöl
Salz
Pfeffer

1 Den Backofen auf 200° vorheizen, ein Backblech mit Backpapier belegen. Die Zucchini putzen, waschen und in 1,5 cm große Würfel schneiden. Die Oliven längs halbieren.

2 Zucchiniwürfel, Oliven, Gnocchi, Pinienkerne und Olivenöl in einer Schüssel vermischen. Mit Salz und Pfeffer würzen.

3 Die Mischung auf dem Backblech verteilen und im Ofen (Mitte) 25–30 Min. backen. Herausnehmen und sofort servieren.

AROMA-KICK
Für ein intensiveres Aroma das Gemüse mit getrockneten italienischen Kräutern würzen. Auch Chiliöl gibt den Gnocchi Pfiff.

Für 4 Personen • 15 Min. Zubereitung • 50 Min. Backen • Pro Portion ca. 185 kcal, 7 g EW, 12 g F, 11 g KH

RATATOUILLE AUS DEM OFEN

AUS FRANKREICH

2 Auberginen
2 Zucchini
600 g Tomaten
1 Bund gemischte französische Kräuter (Rosmarin, Salbei, Thymian)
4 EL Olivenöl
Salz
Pfeffer

AUSSERDEM
Auflaufform (ca. 30 × 35 cm)

1 Den Backofen auf 190° (Umluft) vorheizen, die Auflaufform oder ein tiefes Backblech mit Backpapier auslegen.

2 Auberginen und Zucchini waschen, putzen und in 1 cm große Würfel schneiden. Die Tomaten waschen, halbieren und den Stielansatz entfernen. Die Hälften 1 cm groß würfeln. Die Kräuter waschen und trocken schütteln. Nadeln und Blätter abzupfen und hacken.

3 Das Gemüse in die Form geben, mit dem Olivenöl beträufeln und vermischen. Kräuter, Salz und Pfeffer untermischen. Die Ratatouille im Ofen (Mitte) ca. 50 Min. backen. Herausnehmen und sofort servieren. Dazu passt geröstetes Baguette oder Polenta.

Für 4 Personen • 20 Min. Zubereitung • 50 Min. Backen • Pro Portion ca. 255 kcal, 16 g EW, 5 g F, 14 g KH

ZUCCHINI MIT FALAFEL-FÜLLUNG

ORIENTALISCH

2 Pck. Falafelmischung (à 160 g, aus dem Bioladen)
4 Zucchini (à 300 g)
2 Dosen stückige Tomaten (à 400 g)
6 Knoblauchzehen
Salz
Pfeffer
300 g vegane Joghurtalternative aus Soja

AUSSERDEM
Auflaufform (ca. 30 × 35 cm)

TAUSCH-TIPP
Das Gericht gelingt auch mit 2 großen Auberginen, dann jedoch die Backzeit um ca. 10 Min. verlängern. Für einen authentischen Touch das Gemüse vor dem Servieren noch mit ½ Bund fein gehackter Minze bestreuen.

1 Die Falafelmischung nach Packungsanweisung mit Wasser verrühren und quellen lassen. Die Zucchini waschen, putzen und längs halbieren. Das weiche Fruchtfleisch mit einem Teelöffel herausschaben, dabei rundum einen schmalen Rand stehen lassen. Das Zucchinifruchtfleisch fein hacken.

2 Die Tomaten in die Auflaufform gießen. Den Knoblauch schälen und 3 Zehen zu den Tomaten pressen. Alles kräftig mit Salz und Pfeffer würzen und verrühren.

3 Den Backofen auf 180° vorheizen. Die Falafelmischung mit Pfeffer würzen und das Zucchinifruchtfleisch unterrühren. Die Mischung dann in die ausgehöhlten Zucchinihälften füllen. Die gefüllten Zucchini vorsichtig auf die Tomatensauce setzen und im Ofen (Mitte) 40–50 Min. backen.

4 Den Joghurt in einer Schale mit Salz und Pfeffer würzen. Die restlichen 3 Knoblauchzehen dazpressen und verrühren.

5 Die Zucchini aus dem Ofen nehmen und mit der Tomatensauce auf vier Tellern anrichten. Mit dem Joghurtdip beträufeln und servieren. Den restlichen Dip dazu reichen.

Für 4 Personen • 20 Min. Zubereitung • Pro Portion ca. 400 kcal, 20 g EW, 16 g F, 42 g KH

ERDNUSSCURRY MIT COUSCOUS

FEIERABEND-REZEPT

800 g TK-Asiagemüse
2 TL Currypulver
150 g Couscous
Salz
80 g Erdnusskerne (geröstet und gesalzen)
2 EL Erdnussbutter

AROMA-KICK
Noch feiner schmeckt das Curry mit 400 g Kokosmilch statt mit Wasser gekocht. Mit gehacktem Koriandergrün bestreut bekommt es eine grüne Note.

1 Einen mittelgroßen Topf auf dem Herd heiß werden lassen. Das TK-Gemüse darin ca. 3 Min. unter Rühren anbraten. Mit Currypulver bestäuben und ca. 2 Min. weiterbraten. Dann 400 ml Wasser zugießen, aufkochen und das Gemüse offen ca. 5 Min. kochen lassen.

2 Inzwischen den Couscous in einer Schüssel mit 280 ml kochendem Wasser übergießen, salzen und ca. 5 Min. quellen lassen. Die Erdnusskerne grob hacken.

3 Die Erdnussbutter unter das Gemüse rühren. Das Curry mit Salz würzig abschmecken und mit dem Couscous in vier Schalen anrichten. Mit den gehackten Erdnüssen bestreuen und servieren.

Für 4 Personen • 30 Min. Zubereitung • Pro Portion ca. 320 kcal, 14 g EW, 13 g F, 34 g KH

KARTOFFELN MIT FENCHEL-ZAZIKI

GEMÜSEGENUSS

1 kg festkochende Kartoffeln
Salz
2 Knollen Fenchel
1 Bund gemischte Frühlingskräuter (z. B. Petersilie, Dill und Schnittlauch)
700 g vegane Joghurtalternative aus Soja
3 EL Leinöl
Pfeffer

1 Die Kartoffeln schälen und längs in Spalten schneiden. Die Spalten in einem Topf 2 cm hoch mit Wasser bedecken und salzen. Dann zugedeckt aufkochen und bei mittlerer Hitze ca. 25 Min. garen.

2 Inzwischen den Fenchel waschen, putzen und das Fenchelgrün beiseitelegen. Die Knollen sehr fein hobeln oder mit einem scharfen Messer in sehr feine Streifen schneiden. Die Kräuter waschen, trocken schütteln und fein schneiden.

3 Joghurt, Fenchel, Kräuter und Leinöl in einer Schüssel verrühren. Das Zaziki mit Salz und Pfeffer würzen und mit dem Fenchelgrün bestreuen. Die Kartoffeln abgießen und auf vier Tellern anrichten. Mit dem Fenchel-Zaziki servieren.

Für 4 Personen • 40 Min. Zubereitung • 30 Min. Braten • Pro Portion ca. 450 kcal, 13 g EW, 11 g F, 72 g KH

GEMÜSEPUFFER MIT APFELMARK

SCHMECKT AUCH KINDERN

1 kg festkochende Kartoffeln
500 g Rote Bete
100 g Kichererbsenmehl
Salz
Pfeffer
8 EL Bratöl
1 Glas Apfelmark (360 g)

1 Die Kartoffeln sorgfältig waschen und abbürsten. Die Rote Bete putzen und schälen. Beides mit der Küchenmaschine oder auf einer Gemüsereibe fein raspeln. Die Raspel in eine große Schüssel füllen und mit Kichererbsenmehl, Salz und Pfeffer gut vermischen. Die Masse dann ca. 10 Min. quellen lassen.

2 Den Backofen auf 100° vorheizen. Jeweils 2 EL Öl in zwei Pfannen erhitzen. Pro Puffer jeweils 2 EL Gemüsemasse in die Pfannen setzen und mit dem Löffelrücken zu Kreisen (10 cm ∅) flach drücken. Bei mittlerer Hitze pro Seite ca. 5 Min. braten.

3 Fertige Puffer aus den Pfannen nehmen, auf Küchenpapier entfetten und auf einem Teller im Backofen warm halten. So fortfahren und insgesamt 16 Puffer backen. Die Gemüsepuffer auf vier Tellern anrichten und mit dem Apfelmark servieren.

Für 4 Personen • 40 Min. Zubereitung • Pro Portion ca. 310 kcal, 17 g EW, 23 g F, 8 g KH

FETO-SPIESSE VOM GRILL

SOMMER-REZEPT

400 g fermentierter Tofu (z. B. Feto)
2 Paprika (gelb und grün)
1 Glas Mini-Maiskolben (190 g Abtropfgewicht)
2 TL rote Currypaste
6 Olivenöl
Salz

AUSSERDEM
12 Holz-Schaschlikspieße

1 Den Tofu in 2 × 2 cm große Würfel schneiden. Die Paprika waschen, halbieren, weiße Trennwände und Kerne entfernen. Die Hälften ebenfalls in 2 × 2 cm große Stücke schneiden. Die Maiskolben in ein Sieb abgießen, kalt abspülen und abtropfen lassen.

2 Tofuwürfel, Paprikastücke und Maiskolben abwechselnd auf die Spieße stecken. Currypaste und Öl in einer Schüssel glatt verrühren. Die Spieße rundum mit der Marinade bestreichen und leicht salzen.

3 Den Grill anheizen. Die Spieße zuerst über direkter Hitze 1–2 Min. grillen, bis Paprika und Feto leicht bräunen. Dann über indirekter Hitze weitere 5–8 Min. grillen. (Alternativ die Spieße portionsweise in einer großen Pfanne mit 2 EL Olivenöl bei mittlerer Hitze pro Seite ca. 4 Min. braten.)

Für 4 Personen • 30 Min. Zubereitung • Pro Portion ca. 390 kcal, 22 g EW, 14 g F, 45 g KH

TOFU SÜSSSAUER MIT GRÜNEN BOHNEN

ASIATISCH

120 g Vollkorn-Basmatireis
400 g Tofu
500 g TK-Brechbohnen
2 EL Olivenöl
100 g süßsaure Sauce (am besten aus dem Bioladen)

1 Den Reis nach Packungsanweisung in Wasser garen. Den Tofu auf einen Teller legen, mit einem zweiten Teller abdecken und mit einem Gewicht (z B. Konservendose) beschweren. Den Tofu so ca. 10 Min. auspressen, bis er Flüssigkeit verliert.

2 Inzwischen die TK-Bohnen in kochendem Wasser ca. 8 Min. garen. In ein Sieb abgießen und abtropfen lassen.

3 Den ausgepressten Tofu mit den Händen in 2 cm große Stücke zerteilen. Das Olivenöl in einer großen Pfanne erhitzen und die Tofustücke darin bei großer Hitze ca. 8 Min. anbraten. Die süßsaure Sauce unterrühren und bei sehr kleiner Hitze in ca. 1 Min. cremig andicken lassen.

4 Zuletzt die abgetropften Bohnen unterheben. Tofu und Bohnen in vier Schalen anrichten. Mit dem Reis servieren.

GU **CLOU**

Mit Tiefkühlkost lässt sich Zeit sparen. Frische grüne Bohnen nämlich müssen mindestens 10–12 Min. bei 100° gekocht werden, um das giftige Eiweiß Phasin zu zerstören. TK-Bohnen dagegen sind bereits blanchiert und brauchen nur 6–8 Min. Kochzeit.

Für 4 Personen • 35 Min. Zubereitung • Pro Portion ca. 455 kcal, 11 g EW, 23 g F, 48 g KH

HIRSOTTO MIT ROTKOHL

HERBSTLICH

400 g Rotkohl
2 EL Olivenöl
250 g Hirse
800 ml Gemüsebrühe
100 g Walnusskerne
Salz
Pfeffer

1 Den Rotkohl waschen, putzen, vierteln und den Strunk entfernen. Die Viertel dann in dünne Streifen hobeln oder schneiden.

2 Das Öl in einem großen Topf erhitzen und den Rotkohl darin ca. 3 Min. unter Rühren anbraten. Die Hirse zugeben und ca. 2 Min. unter Rühren mitbraten. Mit der Gemüsebrühe ablöschen, gut verrühren und aufkochen. Den Hirsotto dann zugedeckt bei kleiner Hitze ca. 15 Min. garen, dabei gelegentlich umrühren.

3 Inzwischen die Walnüsse grob hacken und in einer beschichteten Pfanne ohne Fett goldbraun rösten. Den Hirsotto mit Salz und Pfeffer abschmecken und in vier Schalen anrichten. Mit den gehackten Walnüssen bestreuen und servieren.

DAZU PASST
Ein scharfer Dip gibt dem Hirsotto zusätzliche Würze. Dafür 250 g Sojaghurt mit 1 EL Sambal Oelek verrühren.

Für 4 Personen • 45 Min. Zubereitung • Pro Portion ca. 355 kcal, 7 g EW, 11 g F, 54 g KH

TOMATEN-RISOTTO MIT KAPERN

AUS ITALIEN

4 EL Olivenöl
240 g Risotto-Reis (z. B. Arborio)
720 ml Gemüsebrühe
1 kg bunte Kirschtomaten
Salz
Pfeffer
60 g Kapern (aus dem Glas)

DEKO-TIPP
Mit viel frisch geschnittenem Basilikum bestreut, hat der Risotto das Zeug zum Sommer-Klassiker.

1 In einem großen Topf 2 EL Öl erhitzen und den Reis darin bei mittlerer Hitze ca. 3 Min. anschwitzen. Mit einem Drittel der Brühe ablöschen und diese bei mittlerer Hitze langsam einkochen lassen. Ein weiteres Drittel Brühe zugießen und wieder einkochen lassen.

2 Die Tomaten waschen, halbieren und den Stielansatz entfernen. Die Tomaten mit dem letzten Drittel Brühe unter den Reis rühren. Alles weitergaren, bis der Reis weich ist. Den Risotto mit Salz und Pfeffer abschmecken und zugedeckt ca. 10 Min. ruhen lassen.

3 Inzwischen die Kapern in ein Sieb abgießen und abtropfen lassen. Das restliche Öl (2 EL) in einer kleinen Pfanne erhitzen und die Kapern darin in ca. 3 Min. knusprig braten. Den Risotto in vier Schalen anrichten, mit den frittierten Kapern bestreuen und servieren.

Für 4 Personen • 20 Min. Zubereitung • 22 Min. Backen • Pro Portion ca. 725 kcal, 14 g EW, 34 g F, 90 g KH

FLAMMKUCHEN MIT FEIGEN

PERFEKT FÜR GÄSTE

300 g vegane Crème-fraîche-Alternative
Salz
Pfeffer
300 g Süßkartoffeln
6 Feigen
2 Rollen frischer veganer Flammkuchenteig (à 275 g)
100 g vegane Reibekäse-Alternative

DAZU PASST
Ein bunter Pflücksalat mit Radieschen ergänzt den Flammkuchen. Den Salat mit einem Dressing aus jeweils 3 EL Leinöl und Sojacreme, 2 EL Balsamico-Essig, je 1 TL Senf und Zucker, Salz und Pfeffer beträufeln.

1 Die Crème fraîche in einer Schüssel glatt rühren und kräftig mit Salz und Pfeffer würzen. Die Süßkartoffeln schälen und in hauchdünne Scheiben hobeln oder schneiden. Die Feigen waschen und mit Schale in 5 mm dicke Scheiben schneiden.

2 Den Backofen auf 190° (Umluft) vorheizen, zwei Backbleche mit Backpapier belegen. Den Flammkuchenteig entrollen und jede Teigplatte auf ein Backblech legen.

3 Jede Teigplatte mit 150 g Crème fraîche bestreichen und jeweils die Hälfte der Süßkartoffelscheiben leicht überlappend darauflegen. Die Feigen darauf verteilen und die Flammkuchen mit jeweils 50 g Käse bestreuen.

4 Die Flammkuchen im Ofen (oben und unten) 18–22 Min. backen. Herausnehmen, in Stücke schneiden und servieren.

Für 4 Personen • 25 Min. Zubereitung • Pro Portion ca. 470 kcal, 15 g EW, 13 g F, 70 g KH

PASTA STROGANOFF

FEIERABEND-REZEPT

500 g braune Champignons
2 rote Paprika
350 g Spaghetti
Salz
6 Essiggurken (aus dem Glas)
250 g Sojacreme (z. B. Soja Cuisine)
Pfeffer

1 Die Champignons putzen, bei Bedarf mit einem Tuch abreiben und in dünne Scheiben schneiden. Die Paprika waschen, vierteln, weiße Trennwände und Kerne entfernen. Die Viertel dann quer in feine Streifen schneiden. In einer großen Pfanne 3 EL Wasser erhitzen. Pilze und Paprika darin bei mittlerer Hitze ca. 10 Min. braten.

2 Inzwischen die Spaghetti nach Packungsanweisung in Salzwasser bissfest garen. Die Essiggurken abtropfen lassen und fein würfeln. Mit der Sojacreme unter das Gemüse rühren und die Gemüsesauce kräftig mit Salz und Pfeffer abschmecken.

3 Die Spaghetti in ein Sieb abgießen und abtropfen lassen. Mit der Gemüsesauce auf vier Tellern anrichten und servieren.

AROMA-KICK

Für mehr Umami Pilze und Paprika mit 3 EL Sojasauce ablöschen, erst dann die Sojacreme einrühren und sparsam salzen.

Für 4 Personen • 30 Min. Zubereitung • Pro Portion ca. 535 kcal, 13 g EW, 10 g F, 79 g KH

LINGUINE MIT TOMATEN-GIN-SAUCE

MIT SCHUSS

1 kg bunte Kirschtomaten
3 EL Olivenöl
400 g Linguine
Salz
1 Bund Thymian
100 ml Gin
Pfeffer

1 Die Tomaten waschen, halbieren und den Stielansatz entfernen. Das Öl in einer großen Pfanne erhitzen und die Tomaten darin bei mittlerer bis großer Hitze ca. 10 Min. anbraten.

2 Inzwischen die Linguine nach Packungsanweisung in Salzwasser bissfest garen. Den Thymian waschen, trocken schütteln und die Blätter abzupfen. Die Tomaten mit Gin ablöschen und bei großer Hitze in ca. 6 Min. sämig einkochen lassen. Den Thymian einrühren und die Sauce mit Salz und Pfeffer würzen.

3 Die Linguine in ein Sieb abgießen und abtropfen lassen. Mit der Tomatensauce in vier Schalen anrichten und servieren.

Für 4 Personen • 20 Min. Zubereitung • 25 Min. Backen • Pro Portion ca. 500 kcal, 16 g EW, 27 g F, 46 g KH

MAULTASCHENAUFLAUF MIT MANGOLD

KLASSIKER AUS SCHWABEN

700 g Mangold
2 EL Olivenöl
250 g Sojacreme (z. B. Soja Cuisine)
Salz
Pfeffer
600 g vegane Maultaschen (aus dem Kühlregal)
100 g vegane Reibekäse-Alternative

AUSSERDEM
Auflaufform (ca. 25 × 30 cm)

TAUSCH-TIPP
Der Auflauf lässt sich auch mal mit 700 g TK-Spinat oder TK-Grünkohl zubereiten. Das Gemüse dafür ca. 10 Min. antauen lassen, dann wie beschrieben in der Pfanne anbraten.

1 Den Mangold waschen und putzen. Die Stiele dann von unten beginnend in 5 mm breite Stücke und die Blätter in 1 cm breite Streifen schneiden.

2 Das Öl in einer großen Pfanne erhitzen und die geschnittenen Mangoldstiele darin bei mittlerer Hitze ca. 6 Min. anbraten. Dann die Mangoldblätter zugeben und unter Rühren in ca. 4 Min. zusammenfallen lassen.

3 Den Mangold mit Sojacreme ablöschen, aufkochen und sofort vom Herd nehmen. Kräftig mit Salz und Pfeffer würzen.

4 Den Backofen auf 180° vorheizen. Die Maultaschen halbieren und dachziegelartig in die Auflaufform schichten. Die Mangoldsauce darauf verteilen. Den Auflauf mit dem Käse bestreuen und im Ofen (Mitte) ca. 25 Min. backen. Herausnehmen und in der Form servieren.

SÜSSES & GEBÄCK

Für 4 Personen • 20 Min. Zubereitung • Pro Portion ca. 340 kcal, 5 g EW, 26 g F, 22 g KH

SCHOKOMOUSSE MIT ORANGE

PERFEKT FÜR GÄSTE

250 g vegane Zartbitter-Schokolade
1 Bio-Orange
1 Msp. Ceylon-Zimtpulver (nach Belieben)
30 Eiswürfel

GU CLOU

Das Geheimnis der Mousse liegt im hohen Kakaobuttergehalt (mind. 60 %) der Schokolade. Durch das Rühren im Eiswasserbad verbinden sich die Fett- und Wassermoleküle. Gleichzeitig werden Luftbläschen in die Creme eingebracht, die in der Kälte kristallisieren und eine feste Mousse bilden. Wenn sie nicht auf Anhieb gelingt, die Masse einfach nochmal schmelzen und erneut aufschlagen.

1 Eine Metallschale im Kühlschrank vorkühlen. 20 g Schokolade grob hacken und für die Dekoration beiseitelegen. Die restliche Schokolade (230 g) in grobe Stücke brechen. Die Orange heiß abwaschen und abtrocknen. Dann 1 TL Schale abreiben und 4 EL Saft auspressen.

2 Die Schokostücke mit 230 ml Wasser und nach Belieben Zimt in einem Topf bei kleiner Hitze langsam unter Rühren erwärmen und schmelzen lassen.

3 Die Eiswürfel in eine große Schüssel füllen und die vorgekühlte Schale daraufsetzen. Die Schokomasse hineingießen und sofort mit den Rührbesen des Handrührgeräts in 4–6 Min. cremig rühren. Die Masse jedoch nur so lange rühren, bis eine Mousse entsteht. Dann sofort aus dem Eiswürfelbad nehmen.

4 Die Orangenschale vorsichtig unter die Mousse heben. Die Schokomousse in vier kleine Dessertgläser füllen und mit dem Orangensaft beträufeln. Mit der gehackten Schokolade bestreuen und sofort servieren.

Für 4 Personen • 10 Min. Zubereitung • Pro Portion ca. 390 kcal, 6 g EW, 28 g F, 29 g KH

KOKOSDESSERT IM GLAS

GELINGT LEICHT

8 vegane Vollkornkekse (100 g)
1 Mango
400 g vegane Joghurt-alternative aus Kokos
2 EL Kokosraspel
1 EL Rohrohrzucker

TAUSCH-TIPP
Das Dessert schmeckt auch mit 250 g Beeren statt mit Mango köstlich. Dabei nach Belieben eine bunte Mischung oder nur eine Beerensorte verwenden.

1 Die Kekse in einen Gefrierbeutel füllen, verschließen und mit einem Nudelholz zu groben Bröseln zerdrücken.

2 Die Mango schälen, das Fruchtfleisch flach vom Stein schneiden und klein würfeln. Joghurt, Kokosraspel und Zucker verrühren.

3 Die Keksbrösel auf vier Dessertgläser verteilen. Joghurtcreme und Mangowürfel daraufschichten. Das Kokosdessert sofort servieren oder bis zu 24 Std. in den Kühlschrank stellen.

Für 4 Personen • 15 Min. Zubereitung • 50 Min. Gefrieren • Pro Portion ca. 515 kcal, 17 g EW, 29 g F, 44 g KH

PISTAZIENEIS

EXTRACREMIG

1 reife Banane
200 g Pistazienkerne
200 g Soft-Datteln (entsteint)
600 ml Pflanzendrink
½ TL Matcha-Pulver

AUSSERDEM
Hochleistungsmixer
Eismaschine

1 Die Banane schälen und in grobe Stücke brechen. Die Bananenstücke mit Pistazienkernen, Datteln, Pflanzendrink und Matcha-Pulver in den Hochleistungsmixer füllen. Alles auf höchster Stufe in mindestens 1 Min. glatt pürieren.

2 Die Pistazienmasse in die Eismaschine füllen und in ca. 50 Min. cremig bis fest gefrieren lassen. Das Pistazieneis aus der Maschine löffeln und in vier Gläsern oder Schälchen anrichten. Sofort servieren oder maximal 30 Min. tiefkühlen.

3 Ohne Eismaschine die Pistazienmasse in 1–2 Eiswürfelformen füllen und ca. 6 Std. tiefkühlen. Danach die Würfel aus der Form lösen und im Hochleistungsmixer fein zerkleinern. Das Eis in vier Schälchen anrichten und sofort servieren.

Für 4 Personen • 45 Min. Zubereitung • Pro Portion ca. 195 kcal, 6 g EW, 3 g F, 35 g KH

MILCHREIS MIT BRATAPFEL

WINTERLICH

110 g Milchreis (Rundkornreis)
500 ml Kokosdrink (ersatzweise Mandeldrink)
2 süße Äpfel (z. B. Elstar)
2 EL Rosinen
1 TL Ceylon-Zimtpulver

1 Milchreis und Kokosdrink in einem Topf verrühren. Aufkochen und zugedeckt bei kleiner Hitze in 30–40 Min. ausquellen lassen.

2 Inzwischen die Äpfel waschen, vierteln und das Kerngehäuse entfernen. Die Viertel in 1 cm große Würfel schneiden. Apfelwürfel, Rosinen, Zimt und 3 EL Wasser in einen kleinen Topf geben. Aufkochen und zugedeckt bei sehr kleiner Hitze ca. 20 Min. garen.

3 Den Milchreis auf vier Dessertschälchen verteilen. Das Bratapfelkompott darauf anrichten und sofort servieren. Eventuelle Reste bis zu 2 Tagen im Kühlschrank aufbewahren und kalt servieren.

Für 4 Personen • 30 Min. Zubereitung • Pro Portion ca. 370 kcal, 11 g EW, 8 g F, 65 g KH

FRENCH TOAST MIT BEEREN

EXTRAKNUSPRIG

2 reife Bananen
200 ml Pflanzendrink
8 Scheiben Kastenweißbrot (ersatzweise Toastbrot)
2 EL Bratöl
250 g gemischte Beeren (Heidelbeeren, Himbeeren, Johannisbeeren)

1 Die Bananen schälen und in Stücke brechen. Mit dem Pflanzendrink in einen hohen Rührbecher geben und mit einem Pürierstab fein mixen. Dabei darauf achten, dass keine Stückchen mehr vorhanden sind. Die Bananenmischung in eine Schale gießen.

2 Die Brotscheiben nacheinander in die Bananenmischung legen und pro Seite 3–5 Sek. tränken. In einer großen Pfanne 1 EL Öl erhitzen. 2 getränkte Brote hineinlegen und bei mittlerer Hitze in ca. 6 Min. goldbraun braten, dabei einmal wenden. Herausnehmen und auf Küchenpapier entfetten. Die restlichen Brote ebenso braten.

3 Die Beeren verlesen, waschen und trocken tupfen. Johannisbeeren von den Rispen zupfen. Je 2 French Toasts auf einem Teller anrichten und mit den Beeren servieren.

Für 12 Stücke • 20 Min. Zubereitung • 40 Min. Backen • Pro Stück ca. 260 kcal, 4 g EW, 17 g F, 20 g KH

KIRSCHKUCHEN MIT STREUSELN

FÜR DIE KAFFEERUNDE

200 g Mandelblättchen
65 g Rohrohrzucker
50 g vegane Margarine
1 Glas Schattenmorellen (400 g Abtropfgewicht)
1 Rolle frischer veganer Mürbeteig (300 g, aus dem Kühlregal)

AUSSERDEM
Tarteform (30 cm ∅)

TAUSCH-TIPP

Der unkomplizierte Kuchen gelingt auch mit Sommerbeeren. Dafür 400 g Brombeeren, Himbeeren oder Johannisbeeren waschen, putzen und auf den Mandeln verteilen. Köstlich schmeckt auch eine Beerenmischung.

1 Den Backofen auf 180° vorheizen, die Tarteform mit Backpapier auslegen. 100 g Mandelblättchen in einem Standmixer fein mahlen. Das Mandelmehl dann mit 50 g Zucker und der Margarine mit den Händen zu Streuseln verkneten.

2 Die Kirschen in ein Sieb abgießen und kurz abtropfen lassen. Inzwischen den Mürbeteig entrollen und in die Form legen, dabei einen ca. 2 cm hohen Rand formen.

3 Die restlichen Mandelblättchen (100 g) auf den Mürbeteigboden streuen. Dann die Kirschen daraufgeben und zuletzt die Streusel darauf verteilen. Den Kuchen mit dem restlichen Zucker (15 g) bestreuen und im Ofen (Mitte) ca. 40 Min. backen.

4 Den Kuchen aus dem Ofen nehmen, leicht abgekühlt aus der Form lösen und ganz auskühlen lassen. Dann in Stücke schneiden und am besten frisch servieren.

Für 8 Stück • 10 Min. Zubereitung • 20 Min. Backen • Pro Stück ca. 225 kcal, 4 g EW, 14 g F, 20 g KH

BANANEN-SCHOKO-TASCHEN

SCHMECKT AUCH KINDERN

1 Rolle frischer Blätterteig (275 g, aus dem Kühlregal)
2 kleine Bananen
80 g vegane Zartbitter-Schokolade
8 TL helles Mandelmus

DEKO-TIPP
Süßschnäbel bestreichen die Taschen nach dem Backen noch mit Zuckerguss. Dafür 60 g Puderzucker und 1 EL Orangensaft glatt verrühren.

1 Den Backofen auf 180° vorheizen, ein Backblech mit Backpapier belegen. Den Blätterteig entrollen. Die Teigplatte zuerst einmal quer, dann zweimal längs halbieren, sodass 8 Quadrate entstehen.

2 Die Bananen schälen und in 5 mm dicke Scheiben schneiden. Die Schokolade in Stücke brechen. Jeweils 2–3 Bananenscheiben, 1 TL Mandelmus und 1–2 Schokoladenstücke auf einer Hälfte der Teigquadrate verteilen. Die zweite Hälfte darüberklappen und den Rand mit einer Gabel dekorativ festdrücken.

3 Die Bananen-Schoko-Taschen im Ofen (Mitte) 18–20 Min. backen. Herausnehmen und ca. 5 Min. abkühlen lassen. Warm servieren.

Für ca. 25 Stück • 25 Min. Zubereitung • Pro Stück ca. 50 kcal, 2 g EW, 3 g F, 4 g KH

BROWNIE BITES

ZUCKERFREI

100 g Soft-Datteln (entsteint)
20 g Hirseflocken
30 g Schoko-Proteinpulver (ersatzweise Kakaopulver)
110 g braunes Mandelmus
2 EL Kakaopulver

AUSSERDEM
Hochleistungsmixer

1 Datteln, Hirseflocken, Proteinpulver und Mandelmus in den Hochleistungsmixer füllen und in ca. 20 Sek. cremig pürieren. Ist die Masse nicht klebrig genug, noch 20 ml Wasser untermixen.

2 Aus der Masse mit angefeuchteten Händen ca. 25 walnussgroße Kugeln formen. Das Kakaopulver auf einen flachen Teller streuen und die Kugeln darin wälzen.

3 Die Brownie Bites sofort servieren oder zum Aufbewahren in eine Glasdose oder ein Schraubglas schichten. Im Kühlschrank gelagert sind sie bis zu 2 Wochen haltbar.

Für 12 Stück • 15 Min. Zubereitung • 20 Min. Backen • 30 Min. Abkühlen • Pro Stück ca. 325 kcal, 7 g EW, 19 g F, 32 g KH

SCHNECKENNUDELN MIT NUSSFÜLLUNG

EXTRANUSSIG

100 g vegane Margarine
200 g Nusskernmischung
1 XXL-Rolle frischer veganer Hefeteig (550 g, aus dem Kühlregal)
50 g Rohrohrzucker
3 TL Ceylon-Zimtpulver

AUSSERDEM

Auflaufform (ca. 25 × 30 cm)
vegane Margarine für die Form

1 Den Backofen auf 180° vorheizen. Dabei die Margarine in einer ofenfesten Schale mit in den Ofen stellen und in ca. 4 Min. sehr weich werden, aber nicht schmelzen lassen. Die Nüsse in einem Blitzhacker oder Standmixer fein zerkleinern.

2 Den Hefeteig auf der Arbeitsfläche entrollen und mit der weichen Margarine bestreichen. Die gehackten Nüsse gleichmäßig darauf verteilen und mit Zucker und Zimt bestreuen. Den Teig dann von der Längsseite her aufrollen. Die Teigrolle in ca. 3 cm breite Stücke schneiden.

3 Die Form dünn mit Margarine einfetten. Die Schneckennudeln dicht nebeneinander hineinsetzen und im Ofen (Mitte) ca. 20 Min. backen. Herausnehmen und ca. 30 Min. abkühlen lassen. Lauwarm oder kalt servieren.

TAUSCH-TIPP

Heute lieber Lust auf fruchtige Schnecken? Dann die Nüsse gegen 2 Äpfel oder Birnen tauschen. Die Früchte waschen und bis auf das Kerngehäuse grob raspeln. Die Raspel auf dem Teig verteilen und wie beschrieben fortfahren. Besonders Kinder lieben diese fruchtige Variante.

REGISTER

Abkürzungsverzeichnis:
E = Eiweiß
EL = Esslöffel (gestrichen)
F = Fett
kcal = Kilokalorien
KH = Kohlenhydrate
Msp. = Messerspitze
Pck. = Päckchen
TK = Tiefkühl
TL = Teelöffel (gestrichen)
Ø = Durchmesser

QUALITÄTS G|U GARANTIE

LIEBE LESERINNEN UND LESER,

wir wollen Ihnen mit diesem Buch Informationen und Anregungen geben, um Ihnen das Leben zu erleichtern oder Sie zu inspirieren, Neues auszuprobieren. Wir achten bei der Erstellung unserer Bücher auf Aktualität und stellen höchste Ansprüche an Inhalt und Gestaltung. Alle Anleitungen und Rezepte werden von unseren Autoren, jeweils Experten auf ihren Gebieten, gewissenhaft erstellt und von unseren Redakteur*innen mit größter Sorgfalt ausgewählt und geprüft.

Haben wir Ihre Erwartungen erfüllt? Sind Sie mit diesem Buch und seinen Inhalten zufrieden? Wir freuen uns auf Ihre Rückmeldung. Und wir freuen uns, wenn Sie diesen Titel weiterempfehlen, in Ihrem Freundeskreis oder bei Ihrem Online-Kauf.

Sollten wir Ihre Erwartungen so gar nicht erfüllt haben, tauschen wir Ihnen Ihr Buch jederzeit gegen ein gleichwertiges zum gleichen oder ähnlichen Thema um.

KONTAKT ZUM LESERSERVICE

GRÄFE UND UNZER VERLAG
Grillparzerstraße 12
81675 München
www.gu.de

IMPRESSUM

Postfach 860366, 81630 München

GU ist eine eingetragene Marke der GRÄFE UND UNZER VERLAG GmbH, www.gu.de

ISBN 978-3-8338-8293-7
2. Auflage 2023

Projektleitung: Melanie Loser
Lektorat: Petra Teetz
Korrektorat: Adriane Andreas
Layoutgestaltung: independent Medien Design, München, Horst Moser
Umschlaggestaltung: ki36 Editorial Design, München, Sabine Krohberger
Herstellung: Linda Wiederrecht
Satz: Eberl & Koesel Studio GmbH
Reproduktion: medienprinzen GmbH
Druck und Bindung: Firmengruppe APPL, aprinta druck, Wemding
Printed in Germany

GRÄFE UND UNZER

Ein Unternehmen der
GANSKE VERLAGSGRUPPE

DIE AUTORIN

Lena Merz ist leidenschaftliche Foodie, Kochbuchautorin und Ernährungsberaterin. In ihren Büchern und auf ihren beiden Blogs lenamerz.de und breifreibaby.de beweist sie: Gesundes und veganes Essen schmeckt und kann ganz einfach sein.

DIE FOTOGRAFIN

Katrin Winner verbindet ihre Passion für gutes Essen mit ihrer künstlerischen Kreativität. Seit 2018 betreibt sie ein Atelier in München. An diesem Buch arbeitete sie mit den Foodstylisten Daniel Schwarz und Sven Dittmann.

Bildnachweis:
Katrin Winner: S. 06–59 und Stepfotos auf den Klappen; Coco Lang: S. 01, 05 und Stillleben auf den Klappen; Jan Brettschneider: Cover; Simon Koy: S. 04 Autorenfoto

Umwelthinweis:
Nachhaltigkeit ist uns sehr wichtig. Der Rohstoff Papier ist in der Buchproduktion hierfür von entscheidender Bedeutung. Daher ist dieses Buch auf PEFC-zertifiziertem Papier gedruckt. PEFC garantiert, dass ökologische, soziale und ökonomische Aspekte in der Verarbeitungskette unabhängig überwacht werden und lückenlos nachvollziehbar sind.

Syndication: www.seasons.agency
Die GU-Homepage finden Sie unter www.gu.de

APPETIT AUF MEHR?

ISBN 978-3-8338-7735-3

ISBN 978-3-8338-8044-5

ISBN 978-3-8338-8154-1

ISBN 978-3-8338-7302-7

ISBN 978-3-8338-8267-8

ISBN 978-3-8338-8013-1

e Alle hier vorgestellten Bücher sind auch als eBook erhältlich.

GU

Mehr von GU auf **www.gu.de** und **facebook.com/gu.verlag**

DIE »GU KOCHEN PLUS«-APP

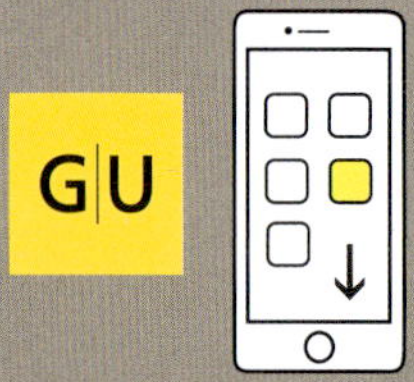

1 APP HERUNTERLADEN

Laden Sie die kostenlose »GU Kochen Plus«-App im Apple App Store oder im Google Play Store auf Ihr Smartphone. Starten Sie die App und wählen Sie Ihren Küchenratgeber aus.

2 REZEPTBILD SCANNEN

Scannen Sie das gewünschte Rezeptbild mit der Kamera Ihres Smartphones. Klicken Sie im Display die Funktion Ihrer Wahl.

3 FUNKTIONEN NUTZEN

Sammeln Sie Ihre Lieblingsrezepte. Speichern und verschicken Sie Ihre Einkaufslisten. Oder nutzen Sie den praktischen Supermarkt-Finder und den Rezept-Planer.